JN410551

Cho Seung-Rae

시인 조승래

타지 않는 점

조승래 시집

타지 않는 점

Poetics 시학

■ 시인의 말

잡고 있어도
흐르는 시간 속에서
피어오르는 그리움
주체할 수가 없다

눈을 감고 있어도
물안개 너울이 보이는 걸 보면
아직도 가슴은 뜨거운가 보다

모든 것은 진행 중이고
매듭은 아직 더 지어야 한다

누군가는
나보다 더 따스해지리라 믿으면서
감사하는 마음으로
누에가 실을 뽑듯
세 번째 시집을 낸다

2012년 9월
조승래

차 례

제1부 폭설 이후

제2부 타지 않는 점

제3부 길을 묻다

제4부 상하이 사랑

제1부

폭설 이후

탄생

도면대로
쇠파이프를 구부리고
철판 갖다 대어 용접한다

용접공의 눈에는
튀는 불똥 속에
고지서만 보였다

먼발치서 작업을 지휘하는
터벅머리 사내는
"조금만 더, 바로 그거야"
회심의 미소를 짓고 있다

건물 앞
더벅머리 사내의 이름으로
탄생되는 걸작
조형물

남대문 국숫집에서

남대문시장 계단 틈새
그 국숫집은
줄 선 손님들이 더 많다
구부린 허리로
40년을 하루같이
고명으로 올릴 부추를
한 올 한 올 시집갈 딸
머리 빗기듯 깨끗이 다듬는데
땅에서 나온 풀 하나에도
쏟는 정성 저러하고
바구니에 쌓여 넘치는 돈엔
푸성귀 대하듯 도통 무관심하니
돈인들 줄을 서서
그 할머니에게
얼굴 한번 더 보이려고
애가 타지 않겠는가,

아날로그시계

며칠 풀어 둔 시계를 차고
산책을 한다
죽었던 시곗바늘도 신나서 돈다

시간을 마음대로 바꾸는 디지털시계가 아니라
시계의 시선은 언제나 현재이다

가는 시간 따라잡으려
가위인 양 세상사 재단을 하고
우리는 그 틈새를 바느질하여
과거를 짜깁기한다

엉성한 과거나
불확실한 미래보다는
촘촘한 현재에 정답이 있으리
건너뛰기 없이 한 걸음씩
은빛 초침도 지금 출발하는 걸 보니

중환자실

구급차에 실려 가면서도
60년 전 노래 부르는
팔십 노구
꽃가마가 눈에 보여서일까
이제 님 곁으로
갈 수 있어서일까

들어선 그 방 안에는 나이가 없다

누구의 혈압이 영으로 되는지
모니터를 지키고 있는 이들의
등 뒤에서 흐린 시야로 자세히
들여다보는 애달픈 숨소리
무겁다

낫기만 하면
더 잘해 드리겠다는 각오가 방문 밖에
수북이 쌓인다

재개발

그 큰 덩치가 허풍이었나

절토되어
평평하게 누웠는데
뼈도 하나 없다

빈 껍질만으로
나무들 키우고
목마른 이들에게 물을 주었나

산은 장엄하게 평장平葬되어
꼭 아버지 무덤같이
낮아졌다

비탈에 살던 사람들 이제
구두 뒷굽 모로 닳지 않는 곳에서
바른 걸음 걷겠다

위선자

떠나야 할 때가 아닌가
제 진지 구축하느라

온갖 억지 쓰며 한
약속조차 번복하고

제 얼굴도 남의 것인 양
제 심장도 남의 것인 양
시치미 떼다가

네 것 내 것 모두
내 것이라 주장만 하는
저들이 있는 이 땅에

뭐 더 바랄 게 있을라고,

그래도
그 가면

한번 벗어 보소

행여
사람 얼굴이라면
두어 걸음 천천히 떠나겠소

벽

마른 언어가 시린 눈빛으로
돌처럼 굳어 버리니
한 마음이 걸린 채
오가지도 못하네

부싯돌 튄 듯 짧은 세월 속에
저 얇은 막을
마음으로 녹일까
온몸으로 찢을까

벽 속의 눈동자가
부질없이
앞과 뒤 유심히 살피네

오나owner와 CEO

조직이 해야 할 일과
가야 할 곳을 미리 맥 짚고서
그의 참모들이 따라오나, 안 오나
챙기면 오나owner이고

기다리고
또 기다리고
안절부절 못하다가
씨, 이제야 오네
겨우 안도의 숨을 쉬면 CEO

말 말 말

평생 내뱉은 말을 유리상자 두 개에다
좋은 말 나쁜 말 분리수거하여 보관한다면
나쁜 말 상자가 훨씬 클 것만 같다

바늘 같고 쓸개 같고 두리안 껍질처럼
거친 말들로 그들에게 고통을 주었던
그 수많은 쓰레기들이 입으로
나왔다면 무릎 꿇고 흐르는 물에 씻어야 하리

작은 상자에서 정말 좋은 말만 고르라 하면
사랑합니다, 고맙습니다,
미안합니다, 축하합니다일 텐데
이 말들 찾기가 왜 이리 힘 드는 걸까

남은 일

갑작스레 세상을 떠난 뒤
남겨진 그의 휴대폰에
〈부재중전화〉가 있었어요

문자를 서로 오래 교환한
내가 모르는 사람이었는데
대신 회신을 해 주었지요

"이 전화 주인은 이 세상 사람 아닙니다"
한참 뒤 회신이 왔어요
"이분도 이미 저세상 사람입니다"

그 뒤에 행여나 남은 일 있을까
전화기 충전을 계속하지만
시간은 떠난 이의 침묵 속에서도 흐르네요

배꼽

까마득히 오랜 옛날 조상들이
에티오피아에서부터 걸어서 오늘
이 고향에 정착한 사실을 아버지도
할아버지도 기억하지 못하시더라

더러는 북으로 더러는 남으로
또는 물을 건너간 털북숭이들이
진화라는 이론 속에서 탈색하고 변색,
변형되어 지금의 우리인 것을

그때 함께 출발 못한 저 무리들은
아직 (동물원에서도) 원형 보존하고
종족 보존은 배꼽을 자르면서
변함없이 이어져

원숭이는 그것을 긁어 대며 두리번거리고
아가씨들은 그것을 드러내고
거리를 활보하는데,

단번에 잘라 실로 묶어 주신 분들
매몰차게 가시더니
이 진화 안 되는 흔적이
땡볕에 감꼭지처럼
타들어 가는 줄도 모르시고

단추

일이 꼬일 때마다
내 이름 들먹이지 마라

바늘의 몸을 관통하여
실로 단단히 묶어 놓아도
풀리면 끝장이라는 거
뻔히 안다

남을 위하는 것이
나를 살리는 길이라 생각하고
그저 묵언하며 세상을
뜬눈으로 바라보고 있을 뿐이다

폭설 이후

눈꽃으로 독한 바이러스를 포박했어
바람은 칼날 앞세워 순찰했고
얼음은 모두를 꽁꽁 묶은 후
조각내어 호송했어 물이 흐르는 길을
따라갔어 영하 20도 두 밤 지나고
목도리 맨 노인이 끌고 간 손수레 자국으로
조류독감도 아프게 하는 모든 것들도 사라졌어
그 엄청난 싸움은 짧게 끝났어
완벽한 바이러스의 패배였어
날씨는 다시 제자리로 돌아오더니 목도리와
장갑도 뺏어 갔어
남은 것은 주름살과 그리움뿐,
아마 이것들도 누군가에게 수습되어질 뿐,
세상은 결국 평평해지고
햇살 같은 웃음만 남는 곳,
부화를 기다리는 알 속의 일일 뿐

불멸의 꿈

먼지보다 미세하게 몸이
분해되어도 거기
우주가 있고

우주로 날아가도
끝없는 우주 속이라 하니
시간의 시작과 끝을 알 수 없다

과거로 여행하여
미래에 도달할 수 있다는
논리의 혼란 속에 밤하늘을 본다

모두가 떠돌이별인데도
블랙홀만 안 만나면
시간과 시간 속에 갇힌 채

수억 년 정도는 소멸되지 않는다니
아무리 큰 아픔이라도 이 긴 여정에는

자국 하나 안 날 것이라서

행여 가슴 아파 기도하는 사람 있으면
맑은 빛처럼 다가가
손을 맞잡고 하늘 한번 더 보라 하리

원을 펼치려고

쉬—, 고층 아파트에서
아이가 자요

기적 소리도 낼 수 없는 KTX
전광판 신호에 맞춰 감전된 듯 달려가요

대합실 안
저 두 어깨는 망설이고

앞선 열차를 새 열차가 서울에서 부산까지 쫓아가요
두 그림자가 떨어질까 봐 부산 갔던 열차는 금방 되돌아와요

대합실은 여전히 붐비고
바퀴들은 원을 펼치려고 저렇게
궤도를 따라 돌아요

고층 아파트 아이는
크게 기지개를 펴고요

여유

일단 철봉대에서
삼단 철봉대로 옮겨 본다

손에 땀 차면서 버둥대는
역행의 순리

높은 시원한 바람 한 줄기
가슴까지 와 닿아
아래로 흐르는 물 보인다

그 천둥번개 속에 핀
무지갯빛 저 여유

고개 끄덕인다

그림자를 찾아

바람도 비도 오래전 사라졌어
강줄기는 메말라 뱀 허물 같았어

언덕에는 해가 만든 그늘 하나
외엔 아무것도 없었어

그늘 속으로 가고자 했는데
해는 늘 그림자를 끌고 다녔고
나도 끌려 다녔어

불침 같은 땡볕 아래
더 내밀 것도 없는 뱀의 혀는 갈라졌어

말이 필요 없는 이 땅에서
이별 앞둔 연인의 시선에는
다시금 흘러오는 물이 아른거렸어

또 물이 흐른다면,

해를 노 삼아 배를 띄울 생각이었어
하여, 찾아갈 거야
땅에만 붙어 있는 그림자의 뿌리를

한자리

첫 버스 출근길에는
꿈꾸는 사람
희망의 봉오리를 품은 사람들
모두 평온히 여행하듯 갑니다

퇴근길에는
같이 못 가는 사람 많아도
아침이면 같은 얼굴
다시 모여듭니다

출퇴근 버스에도
회사에도 자리가 있으므로
나도 한자리했다고 말할 수 있어서
행복이 코끝을 스치고 있습니다

사랑의 바퀴

그래, 내가 앞에서
당신은 뒤에서 나를 향해
달리는 거야

나는 당신을 업은 듯
앞으로만 가지

나와 당신이
가진 엔진에는
붉은 바퀴가 두 개씩 있어

좌심실 우심실
심장의 바퀴가 둘을 이은 거야
그게 돌아가는 거야

언덕도 두렵지 않아
앞뒤 바퀴의 거리가 멀어질까 하는
두려움 외엔 아무것도 없어

씨의 진화進化

한 알의 씨가 꽃을 낳은 뒤
바람을 키웠다

비는 하늘을 이었고
밤이 낮을 가린 적막 속에 어둠은
깊은 생각에 젖었다

만물이 밤낮으로 어우러질 때
하루가 하루치만큼 자랐다

그동안
지렁이가 용이 되어 승천하였고
용은 밤중에 몰래 내려와
땅에만 알을 슬었다

알의 배를 채운 흙 속에는
삶이 빼곡히 차 있었고,
씨는 진화하여 점이 되었다

저 섬에

그 무슨 생각으로 까맣게
잠들었다가 파란 눈
부시게 뜨는지 고고한
그 모습에 맴돌던 배들도
밤이면 슬며시 다가서네

태양은 바다에 불 지르고
달은 거울을 갖다 대어도
도통 말이 없는 저 섬에
무엇이 숨어 있기에 파도는
종일 저리 소곤대는지

섬은 저만치
나는 이만치
한 치도 못 좁히고
또 하루가 간다

하지 무렵

한 오십 년 된 여름에
그만큼 오래된 꽃이 피었다

가장 긴 낮에
가장 긴 밤을 사랑하며
제 가진 것 다 보여 주느라
소명을 다하고 있음을
겨우 알게 된 나는
생의 가장 오래된 소망으로 제발
두 손 모으노니

벽 너머 세상도 공평하기를
이 밝고 긴 날에
사랑도 길어
그 그림자 끝도 없기를

제2부

타지 않는 점

바람

농장 하는 친구네
애완견이 암내를 풍겼던가

동네 수컷 먼저 알고 찾아와
끙끙 구애를 한다

개잡종 만들면 안 되지

잡것들 빗자루로 때려 쫓아내자
친구네 암캐는 집 밖을 내다보며 흐느껴 울기에
하도 가여워 바람이나 쐬고 오라 풀어 주었다

그 길로 가출하여서는
보름이 되어도 안 돌아온다며
어쩌면 좋으냐는 친구의 탄식 소리
빈 개집 안을 들락거린다

반성

여린 풀잎에도
숨은 칼날이 있어
손가락을 벤다

그 칼날을 혀로 감아
무딘 맷돌질하는 소가
어찌 그냥 밤을 새우랴

하루를 되돌아보면
아쉬움이 뼈처럼 잡힌다

외양간은 밤늦도록 두런대고
방 안엔 기침 묻은 담뱃불
또 쓰게 타들어 간다

명당

대문 활짝 열어 두었는데
없는 담장 홀로 내다보며
감옥이라 어찌 말하려는가

손등에 잠깐 앉았다 가는
저 잠자리
옥살이한 게 아니듯
마음이 허공을 맴돌다 되돌아온 것도
귀천한 게 아니리

그 자리에 솟는 풀 또한
어디 가 본 적 없는 터이라
그물 없는 저 자유인도
봄풀 냄새 맡으며 다시 앉았다

빈집

흙담 두른
초가집 댓돌
삭은 고무신 한 켤레

먼지 앉은 거미집에
걸려 있는 잠자리 날개

한 기침 멈추자
모두 바스라진다

그날

경칩 지나
눈 부비고 나온 그놈

겨울 동안 아무 소리 없어
죽은 줄만 알았는데 동면 중이었단다

살아 있어 노래하고
살기 위해 잠을 자고
자다 깨다 반복만 한다면

언제
그날이 오나

양계장 일기

백열등 아래서
인공부화 되어
앉아 본 적도 없는
손수건만한 침상 위에

어둠 없이 살아온
하루 같은 세월 동안
가진 알 전부 낳아 주고
석방되는 기쁜 날

태어날 때
아무도 울지 않았으니
살아
울어 본 적도 없거늘
애당초 눈물은 사치 아니던가

아침

천만 근 추의 무게로
산 넘어간 태양이
끌어당긴 검은 그물에는
별들이 가득 걸려 퍼덕거린다

빛의 진실 앞에 기어이
어둠은 자멸하고
스며 오는 팽팽한 가을 아침이
감은 눈 뜨게 한다

아리던 앙금들은
밤새 증발해 버렸고
모두 다 포용하려는 듯
가슴속은 터엉,
빈다

무지개

물이라고 해서 어찌 전부
낮은 데로 가리

나는 하늘에도 있고
땅에도 있어요

내 몸 천 갈래 만 갈래
부서져 물거품 된 날에
보셔요, 찬란히
하늘 오르내리는 모습을

절망에서 희망으로 가는
길은 멀지 않아
절망에서 벗어나면
바로 희망이거든요

불굴의 의지 일깨워 준
빛에게 늘 감사할 일이지요

폐가의 뜰

처마 밑
텅 빈 제비집 한 채

웅크리고 잔
흔적도 이젠 삭아

맹모의 이사로
자식들 무사히 잘 키웠을까

사람의 체온조차 식은
폐가의 뜰을
지나가던 햇빛이
기웃거린다,

봄비 내리면

뿌리도 없이
점점 난장이가 된 꽃이
꽃병을 내려왔다

기쁘게 해 주느라
보름 동안 버둥댄
목숨, 이제 놓는구나

네가 안 보여도
네가 만든 거름으로
새 목숨 살린 줄 알겠다

봄비 내리면 또
피는 것이
꽃이려니

짝사랑

여러 난초 화분들 중에
밑둥치만 남은 것이
자꾸 보채는 것 같아
그에게도 눈길을 주었다

잔자갈 아래 분명
가녀린 실뿌리 하나쯤 있으리라
믿고 물을 주었는데
아직 아무런 기척이 없다

물을 머금는 걸 보니
삶을 다듬고 있나 보다
더 기다려 보자
남은 봄이 또 있으니

간월암

펼친 바다 누르며
달 한 덩이 굴러온다

현란한 일몰 뒤
가슴 보듬어 주는 달빛,
오래 머물러 준다면

상념이 달처럼
하나뿐이라면

섬 위에 암자
하나도 많다

노만 달면
배가 되리니

금산 인삼

은둔 수양 6년
길어 못 채운 것이 아니라
사람이 아프다는 소릴 듣고
흙을 털고 성큼 걸어 나와

사람은 사람이 돌보아야 하니
“이 사람 한번 데려가 써 보시오”
가지런히 누워
기다리는 육보시

약이 되어
아픔을 고칠 수 있다면
헐벗고도 남김없이 주겠다는데
나에게는
남에게 줄 수 있는 게 무엇이랴

곡선 여행

이 세상이 직선인 줄만 알고
앞만 보며 가더니

까마득히 잊었던 자궁 속
곡선 유영이 생각났는지

한때 직선이던
곡선을 생각하며

허리를 조금씩 숙이고
친구 팔짱을 둥글게 끼며

뒤돌아보는 얼굴에는
반달이 여러 개 떴다

그리움

사랑받은 것만으로도
미소가 솟아 나오는 걸 보면
물만 먹은 난초가 왜 향기를
풍기는지 알 것 같은데

이미 가신 님께
돌려드릴 방법 없는 그 무엇이
가득 고여 있어서 이 가슴
저리도록 무거운가 보다

세월 따라
더 부풀어 오르는
앙금 같은 지상의 숙제
어디에다 대못을 치랴

이별

실컷 울고 나면 가슴은
더 울 일 남았을지 몰라
눈물 펌프질 하려고
딸꾹질 소리까지 펴낸다

마지막 울음 뒤 마침내
긴 한숨 소리에 맞추어
떠돌던 감정들
제자리 가서 묻히나 보다

귓속의 습기 솜으로 닦으며
얼룩진 베개를 안고
빈 가슴이 펼치고 있는
공간을 본다

빈 것은 적막의 하늘이지만
눈물 다시 고이지 않도록
다 비우고 있는 것이

얼마나 다행스러운지

당분간 비워 두어야 할
그 자리
누군가 오기 전까진
그림자도 혼자 눕지 못하리

타지 않는 점
— 금성 일식

이글거리는 태양 위로
까아만 점 하나
타지도 않고 지나간다
단 한 번의 이 짧은 만남이
종이보다 얇은 셀로판지
한 장 위에서 이루어지누나
다시 올 105년 뒤까지
가슴속 한 점 은유로
간직해 두고 싶다
화상도 겁내지 않을
불꽃의 시로 남아

엽서

신새벽 올 때까지
볼펜 끝 닦아 가며
글자를 새겨 담았던
그 많던 이파리들
다 어디로 갔나
컴퓨터 자판기를 두들기며
찾는 그 사람은
기억의 책갈피 속에서
나이를 쌓고 있다
더듬어 찾는 세월 속으로
이슬 한 방울 못 머금은
이파리들
바스러진다,

해저 10기압

해저로 내려갈수록
잠수부의 기억력은 감소하여
해저 100미터에서는
10개 중 2개만 기억한다는데

우리도 나이 10년에
1기압씩 깊어진다면
가장 깊은 나이에
두 개의 기억만 남으려나

심해로 침잠하는 동안
덜 소중한 것들이 하나씩 사라져
잊을 수 없는 고마움도 빼고
마지막 남는 것 들라 하면

사랑밖에 더 있을라고,

바람의 노래

높낮이가 달라도 지상의 모두에게
흰 눈을 골고루 뿌려 준 이유는
저항은 했지만 가야 할 길은 열어 주었기에
제 할 일 다 마친 바람이 베푼 관용 때문이리

낮은 곳만 골라서 흘러가는 물줄기도
바람의 시선을 따라 출렁대고 날짐승들
바람을 밟으며 비상하는데

한 치만 멀어져도
공허를 느끼는 이 공간에서
그림자처럼 따라다니는 저 바람도
어딘가 끝자락이 있으리니

불어오는 바람의 소리
귀 기울여 다 들어 보자
가슴 가득 상승기류 받으며 솟는 창공
넓어서 이 얼마나 좋으냐

꿈틀꿈틀

무모했다

겨우
하얀 스웨트 밴드 하나
이마에 두르고
태양 아래서
대륙을 횡단하려 하다니,

젖은 날은
지구를 돌리려다
길 위에 남겨 둔
꼬부랑 흔적도 보았다

곧게 태어났어도
어디에도 직선을 찾기가
쉬운 것이 아니다

꽉 쥐고 태어난 주먹

다 펼치지 못하는 손바닥 되듯이
애쓴 그 습관 버릴 수 없나 보다

지금도 땅속에서
바른길 하나 남기려고
시도하는 그 무수한 도전이
언젠가는 꼭 성공할 텐데

진실은
하나만으로도 충분한데 제발
지상으로 도피하지 마라
평평한 세상에서 왜곡된 말로를
개미들이 가만두겠느냐

밥 먹는 소리

코끝에
냄새가 닿는 순간부터

사막 건너온 이
두레박 보듯

사람 찾는
만성 중독증 되살아난다

식탁에 둘러앉아
하루를 나누어 먹는 소리

온 세상
이런 소리만 났으면 좋겠다

제3부

길을 묻다

낮달

시외버스 터미널에 있는
김밥천국에 앉아
라면 한 젓가락 먹고
동그란 단무지 반입 베어 먹는다
이런!
노오란 초승달이 하나
젓가락 위에 뜬다
입으로도 이리
예쁜 초승달을 만들 수 있다니,
달구경에 그저
포만한 배를 만지며
정말 내가 천국에 있구나 했다
달도 없는 하늘에
구름 잘도 만드시는
대합실 구석의 저 노인네도
지금 천국에 함께 있는 것일까,

요한

요한이 있다가 간
2천 년 전 그 자리에
오늘의 요한이가

같은 이름으로
이어 살아갈
요한을 위해 기도하고

성당 종소리는
어느 요한에게도
은은하게 골고루 울려 퍼지네요

아, 여기에
맑은 햇살처럼 닮아 가는
얼굴들이 또 왔어요

낙화암

그렇게 이름 불러 달라고
바위는 틈새에다 꽃을 간직하나

꽃잎 위에서
나비들 먼저 떨어지고

피리 소리 흘러간 강길 따라
바람 한 줄기 가고 또 온다

어제도 아득한데
천 년 세월을 어찌 알랴

궁궐도 절도 없어진 빈터에서
소풍 온 아이들이 산수화를 그린다

웃으면서 그리는 강물
더 푸르게 흐른다

소금

강물이 서로 부비고 결국
바다도 나서서 밤낮없이
부수어 버리겠다는,
바람도 물을 뒤적이며
잡아내려고 동분서주하는
그 각진 알맹이
울다 잠든 아기의 눈가에도 남는데
눈물 한 방울도 안 나오는 싱거운
사람에게도 한 줌 뿌려 주고
그걸 그리다가 죽은 고등어에게
온몸 절도록 후하게 덮어 주어
마른 눈가의 하이얀 이야기 받아 두리니

먹구름

까맣게 무거운 짐
울음으로 내려놓고
새털 같은 몸으로
어르다가 놓아준 낮달은
저 혼자 잘도 굴러가네

놓을수록 가벼워지고
버릴수록 투명해지는
그 얘기 하고파서
한자리에
잠시도 머물지 못하는데

그만했으면 이제
산 넘어 어디쯤 쉬어도 될 것을
묻은 때 한사코 떨쳐 내려고
또 한바탕 울어야 할
천 년의 역마살

하심下心

화사한 햇살을
나뭇잎들은
제각기 다르게 이고 있었으나
땅에 도달하고 난 뒤에
모두 내려놓고 까맣게 평등해졌다

내가 가장 낮은 데로 가면
그제서야 나에게로 되돌아와
굽은 허리도 펴고
다정하게 나를 입는다

깨어나서
잠들 때까지 따라다니는
부모님의 유훈遺訓 같은 저 그림자
땅보다 더 낮은 곳 없음을 안다

색의 순환

연둣빛 이파리
한여름 구우면
초록빛이 되고

까아만 머리카락
한평생 말리면
하얀색이 되리라

연두는 초록을 밤은 낮을 찾아 한 바퀴씩 돌아가고

탈색과 변색 사이
한 생애가
새어 나가는데

마른 가지는
허공을 휘 저으며
색의 농도를 맞추고 있다

하늘과 땅

그랬다, 땅심은

필요한 넓이대로
쓰겠다는 시간만큼
다 주고자 했고

쉬겠노라 하면
어느 생명도
다 받아 주었다

마치 하늘이
그 정원을 머물다가
땅으로 되돌아가는 모두를
다 놓아주듯,

봄날의 소망

다음 기차는 꼭 올 거라고 행인들이 말했다 머지않아 꽃도 피어오를 거라고 봄바람이 그랬다 살아 있는 사람이 하마터면 죽을 뻔했다고 웃으며 말했다 정말 다행이라서 때가 되면 다 좋아질 것 같아 웃음 참을 수 없는 봄날이었다 마늘 같은 독한 마음 아니고서야 얼음장 녹여 가며 그 자갈 밀치고 나올 수 있었으랴

실손들 모아
하늘 하나 번쩍 들었다 놓는
참을 수 없는 새싹들의 웃음
질펀하게 파랗다

둘은 늘 저러는데 한 번도 이탈해 본 적 없는 이 틈새에서 오늘은 문득 하늘 한번 들이켜고 싶다 별을 가슴에 촘촘히 심으면 나도 하늘이겠지 무거운 가슴 다 인아 주면 나도 땅이겠지

다리를 주무르며

그동안 자동차로 운행한 거리가
30만km는 족히 될 것인데
여태껏 걸어온 거리도 그만큼 될 텐데
달까지도 왕복할 거리인데
달은 멀고 그리움은 늘 곁에 있는데
땅에만 열심히 흔적 남긴
오늘도 다리를 주무르는데

득도

깊은 산골 어느 암자에서
상승기류를 마주한 구도자
두 팔 벌리고 겨드랑이로 가득 바람 모아
하늘로 날려 하는데 발이 요지부동
머리는 먼 창공에 이미 가 있고
버둥대는 몸에서 비늘이 떨어졌다
매달리는 땅을 발로 살짝 떨어뜨리면 그렇게
갈구하던 것 잡을 수 있지 않을까,

뜰채에게

백내장까지 앓으면서 더 깊이
잠수하려고 버둥대어도

뜰채는 정확히 꼬리가
수면에 가장 가까운 나부터 채어 가누나

갇힌 어항 속의
독한 밀폐공포증이야
단번에 해소되겠지만

지느러미도 꼬리도
허공만 휘젓게 할 바에야
차라리 익사하게 하라

누가 속만 뒤집지 않으면
그렇게 찰싹 배 붙이고 살면 될
가자미, 너는 좋겠다야

길을 묻다

허공도 평탄하지 않은 듯
새들도 머뭇거리며 날고
이 걸음 맞는지 몰라
서성이며 바라보는 길 위에
개미들은 줄지어 앞만 보고 가는데
믿음으로 가는 길은
굴곡도 보이지 않나 보다

바람개비

진정 돌기 싫거들랑
귀퉁이 접은 바람받이를
활짝 펼쳐 버려라

달려 나가며 얻은 바람
너무 많아 맞춘 장단이라면
돌아앉아 등을 보여라
옹이 없이 살거라

바람 한 점 없다면
찾아 나설 수도 없다면
네가 할 수 있는 것은
침묵과 인내 외엔
아무것도 없다

때가 되면
미친 듯 돌아 주어라
그런들 네가 죽겠느냐

푸른 행복

봄꽃들 숲속에서 소곤대는 것은
초록빛 세상 만들기 위함이었고

먹구름 하늘에 저리 몰려다니는 것은
파아란 하늘 불러내기 위함이었다

그대 멀리서 달려와 환히 웃는 것은
세상이 초록과 파랑으로 충만함을 기뻐한 것이고

내 마음 저리면서 안쓰러운 것은
행복의 균형이 깨질까 함이었는데

파아란 하늘은
초록빛보다 먹구름보다 훨씬 커서
티끌만한 내 걱정 다 덮어 주었다

참선

실눈마저 감고
한 호흡 길게 가두니
백두산 천지도 숨을 죽이다

가부좌 틀고 앉아
우주를 돌고 온 맑은 영혼
정수리로 되받노라니

하늘 하나 살포시 가라앉고
호수에 잠겨 있던 별들
줄지어 반짝이며 고향으로 가다

길게 되내쉰 숨결에
나의 나머지 반쪽으로 당신과
원을 이루고 있음을 알았으니

어느 바람 한 점도
건드리지 말고 그렇게
고요히 깊은 단꿈 속으로 스미어라

흑백사진

중국 절강성 가흥시
공산당 기념관에 걸린
흑백사진

눈 가린 채 꿇어앉은 이 뒤에
칼 내려치려는 단호하고 힘찬
망나니가 얼쑤, 춤을 추고 있다

이젠 그들 이 세상에 없어
흑백 침묵만 담겼는데
무얼 말하려고 사진은 퇴색을 참고 있을까

또 지는 저녁노을 아래
아이들 소리 밖에서 요란하다

킬링필드

이미 늙어 저항도 없는
살육의 가해자를 법정에 세운들
망인의 한이 사라질까

백골이 된 망인들은
메마른 동굴을 통해 세상을
뚫어지게 바라보는데
본 것을 말할 입조차 없으니

그저 한곳만 바라볼 뿐
소리란 허공의 적막일 뿐인데

그들이 가만 눈감아 준다면
용서라는 가장 가혹한 벌로써

저들도
뜬눈으로 보는 하늘
얼마나 아득한지 알게 하소서

문경새재

정釘으로 쪼아 비석에
詩가 새겨지는 것을 지켜보는
출세한 사람은 웃었다

잘 쓴 詩는
밥 나오고 술 나오는
금의환향 열렸지만
낙방한 사람들이 쓴 시는
시가 아니라서
낙엽 아래도 겨우 묻혔다

햇살조차 무거워 숙인 고개
어두운 숲길만
잘도 찾아갔다

시를 먹고 자란 나무들은
그늘을 또 만들고 있었으나
산은 새에게도 높았다

하루치의 희망

새벽 앰뷸런스 사이렌 소리
골목길 깨워
한 생명 살게 되나 보다

한밤중 그 총성은 오발탄,
과녁은 비껴갔을까

포물선 그리며 날아든 화살도
직언처럼 맞으면 아프다

믿음으로 무방비한 나에게
빗방울 하나도
얼음 같은 이 겨울
사막의 밤 한기에 콧등이 아린다,

전갈은 꼬리 돌리며
누굴 찾으러 갔나,
또 가출이다

허기진 매 눈으로 조리개 맞추니
오아시스 아래 하루치 희망이 보인다

얼른 잡자, 쏜살같이
내 것 아니면
네 것일 저것,

이파리 전쟁

이파리 하나가

앞면이 뒷면 보고
너 때문에 편안히 햇살 보고 살았다 한다
뒷면이 앞면 보고
너 때문에 차분히 땅만 보고 살았다 한다

아니야, 너 때문에 충분히 행복했다고
이젠 서로 바꾸어 살자고 엎치락뒤치락
아스팔트 위를 굴러간다

어라,
가지에 붙어 있던 수많은 잎들이
옳다구나 후두두 가지를 떠나
떼 지어 구르고 있다,

개나리

졌다가
다시 피는 꽃

보았다,
지켜보다가
돌아가는 나를

나도
꽃이다
그녀에게는

갔다가
노랗게 물들어
되돌아올

이명耳鳴

살과 피의
여름 숲을 찾아온 열대

내면의 소리만으로도 벅차
다른 소리는
걸어 잠근 채 얻은
나만의 득음

벼랑 같은 단절
깨닫고 난 뒤 몰려오는
조바심 속의 아득한 그리움

제4부
상하이 사랑

새집

명절에 고향 이발관 아저씨가
“서울 이발사가 정성껏 안 깎았네요
이렇게 머리카락이 자란 뒤 보면 알아요
새가 집을 지어도 촘촘하면 오래가지요”
하면서 어깨도 만져 주신다

어릴 적 친구들은 머리에 새집 지은 채
골목길 잘도 뛰어놀았는데,
감나무 위 둥지에서
그들이 어디에 사는지 안다며
까치들이 예전 목소리로 찾아와 부산을 떤다

이발 예쁘게 한 얼굴 닮은 아이들이
우르르 나오는 걸 보니
옛 친구들도 곧 나타나려나 보다
새집이 보이는 저 모퉁이에서
새알처럼 반짝이며

사는 맛

청양고추 한입 베어 먹고
솟는 땀 닦으며
주먹에 한 줌 힘을 모은다

말만 잘하라고 혀가 있는 것이 아니라
이 맛 저 맛 다 보라고
입 안에다 촉각을 그리 곧세워 두었제

때로는 혀가 마비되도록
매운맛도 보고 온갖 맛 다 보고도
남은 단맛이 있을지 또 더듬고

장미

초여름 아침
넝쿨장미가 화사한 치장을 하고
담장 밖을 내다봅니다

당신은 초록색 옷 입고
말갛게 웃으며 남의 아내 되어
소풍을 갑니다

한 그루 소나무
사철 푸르지만 솟는 땀 주체 못하여
바람을 마구 흔들어 댑니다

모닝콜

"엄마. 나, 내일 다섯 시에 깨워 줘요"
자명종 시계보다는
엄마가 열어 주는 새벽을 더 좋아하는
자식 생각으로 선잠 주무시던
평생 파수꾼, 어머니

짜르릉, 자명종 소리에 퍼뜩 잠 깨니
홀연히 흐른 반세기
곤한 숨소리 찾아가서
켜는 전등 아래 또 내가 누워 있네

이젠 시간 잊고 계실 그분
어디 계실까 내다보는 어둠 속에
아스라이 솟아오르는 불빛

아하,
거기 함께하면서 또 깨우시는구나

밥상

정성껏 차린 밥상도
세상사 바빠 하루 한 끼
같이 하기 어려웠던 시절 지나고
느긋이 마주한 밥상 앞에
귀밑머리 벌써 하아얀 사람 있다

열심히 살았으므로 주어진 행복 앞에
밥술에 찬 서로 올려 주며
천천히 많이 드시라 권하는
노부부의 눈빛에
사랑은 맑게 고이고
시간은 조금씩 곰삭아 간다

먼 여정

태반 속 아늑한 물소리 벗어난
어머니 몸 밖에는
아슬한 풍랑 기다리고 있어

노 다 저어 마주한 길
건너자 한 움큼 눈물 뒤로한
꿈같은 여정은 저리도 멀어

한 알 씨 못 버린 채 또
돌고 돌아 마른 가슴 되더라도
물로써 빚은
무지개 영롱한 빛으로
높다라니 걸리어라

누나

누나 앞에 서면 내
나이가 반대로 가요

다섯 살 차이 누나
예순을 바라보니
나는 마흔 넘긴 나이 되고

돌아가신 어머니 나이 되면
나는 삼십 초반인데

어머니 닮아 가는
누나, 나이
내게 좀 떼어 주오

시곗바늘 돌아가면
새싹도 나오는데
오늘은 그냥 벚꽃 놀이나 가요

그리운 물소리

어머니 궁전 속 물소리
한 세월 지나도 그리워

소주잔 기울이는
야심한 밤에도 가을처럼 흐르네

저린 꿈속에도 잠은 자는지
잠 속에 꿈은 있는지

이것도 모른 채 영영 꿈속이라면
저 그리운 이들 어쩌랴

수백 번 선잠 뒤척거려도
낮은 세숫대야에 낙수 져 고이고,

납골당

곤한 잠 깨워도 되는지요?

새집으로 모시려고 해요
다세대연립주택인데
문패만한 방을 드릴 겁니다

입주하시기 전에
화장火葬을 해야 합니다
백토처럼 곱게 쇄골됩니다

빛 한번 더 보셔도 되는지
알지도 못하면서
이 좁은 집 설계도 그려 놓고

내 집도 분양받기 위해
이러는 것 같아
가슴 더 조아립니다

고삐

야산에서 천방지축 뛰놀던 송아지 겨우 데려와서 일러바쳤더니 아버지께서 고삐를 만들어 주셨네 쓰린 코뚜레하고 "엄메!" 하며 바라보는 송아지의 시선을 피해 어미 소는 먼 산 바라보며 되새김질만 했네 날뛰다가 낚싯바늘에 걸린 물고기같이 순종하고 다시는 말뚝에서 열 걸음 못 벗어나겠구나, 저 송아지

했는데 코뚜레가 나를 향해 오는 것 같아 코를 손으로 움켜쥐고 도망갔지만 족쇄 채인 듯 걸음은 자꾸만 뒤엉기었네 누가 아버지에게 이르지 않았어도 말뚝에 묶인 송아지처럼 "엄메!" 하고 지금껏 고삐에 묶여 허덕이는 나를 보네

추도

당신의 뼈가 담긴
석탑을 손으로 만지고 있지만

당신은 여기 안 계신 줄 알아요
여기에 계셔도 아니 되지요

제가 당신 이름을
부르지 않는 이유는

천상에서 앞만 보고 가시라고
뒤돌아보지 마시라고 그러는 거예요

저 산 너머 산 첩첩 주름져 있네요
살아 진천 죽어 용인이라던데

그 알지 못할 경계를 지나
당신이 말끔히 비우고 간 집으로 갑니다

그늘의 졸음

매미가 나무를 흔들면
감은 절로 더 붉어지고
이불 호청 길들이는
다듬이 소리에
마루청 그늘은
깊은 졸음으로
스르르 고만
눈시울이 풀리다

섣달 그믐날

묵은세배 절값으로
친구 어머니가 주신 참기름을
제삿나물에 버무리니
돌아가신 어머니가
안개꽃처럼 피어 나오시네

그 깨알 같은 기억들 더듬어
새해 첫손님처럼 오시니
촛불 더 밝혀 두고
날 새면 그리운 님 떠나실라
눈 더 크게 떠야겠네

거미

감당할 수 있는 것만
잡고자 했을 뿐인데

그렇게 달려들어
과녁마저 뚫어 버리면
어쩌라고

외줄에 의지할지라도
허공에다
그물 또
쳐야겠다

가을밤에

돌담 틈새에서
돌 하나 다듬고 있는데
탱탱 둥근 달 중천에 떴다

그렇게 달에 맞춤한
둥근 돌 연마하는 소리에
구름은 달을 에워싸고

이명 소리 울리며
가을 밤 귀뚜라미
잠도 잊었는데

새벽맞이 달은
군살 빼느라 분주하고
소슬한 바람은 구름 더듬는

대물림

1

죽도 들고 쌓은 무예
진검 들고 시험하네

베기 위함보다
베이지 않으려는 푸른
칼날 허공을 자르는데

칼 놓은 무사는
칼집도 버리네

2

도마 위 춤추는
어머니의 무예는
두 가문이 전수해 준
사람 살릴 비법이네

선잠 깨어 밤늦도록

가족 위해 고행하던
그 무사 손 놓았을 때
칼도 누웠네

3
칼 없는 시간에는
바늘로 씨름하던

내리사랑 그 무예
오천 년 대물림하네

가가호호
이어 가네

땅에게

논 가득 차도록
지성으로 물을 대고
아버지는 몇 날 동안
고하셨다

어느 한 틈새도
서운함 없도록 골고루
물 배어들게 하였사오니
이 노력을 예쁘게 여기시어
모를 심을 것이오니
받아 잘 키워 주소서

가을볕 도타운 날
길러 준 은혜 아는 벼들
일제히 고개 숙여 경배하거든
그때 떠나도록 해 주소서
행여 남은 것들 있거들랑
당신 가슴에서 또 삭도록 해 주소서

먼 훗날
저를 대신하여
찾아오는 사람 있거든
똑같이 포근히 안아 주소서

아무라도 당신을
이고 있을 수는 있지만
가지고 갈 사람은
없는 듯 하오니
좀 더 쉬도록 해 주소서

논둑에 서면
아버지 말씀 푸르게 들린다

상하이 사랑

1

대나무에 빨래 걸어 말리려고
창문을 열다가 내려다본 시야에
누우런 황포강이 흘러갔어요

이국에 머문 지 6년 그래도 26세
모친 위독, 편지 받고 고국으로 가니
멀쩡하신 어머니 곁에 16세 소녀가 있었지요

그 뒤 중국에는 다시 못 갔고
그 빨래 개어 서랍에 넣어 주던 여인은
부둣가를 울며 다녔어요

두부 한 모 국수 한 그릇 마주하고
고량주 마시던 그 청년의
서투른 중국어가 그녀의 귓가를 맴돌았지요

2차 세계대전도 끝났는데

2

아버지의 인연 때문인지 모르지만
나도 중국에 왔고 상하이에서 아버지가
보낸 기간보다 더 오래 머물렀어요

상하이 골목길에서 하얀 반소매 상의 입고
기름과 소금만으로 야채 볶는 사람을
보았어요 언뜻 누구를 닮았다는 느낌이었요

골목 입구를 지나치다가 되돌아보는
까만 눈의 여인을 볼 때도 있었어요
낯익은 얼굴 같기도 했지만 도저히
아련해서 기억할 수 없었어요

어머니 돌아가신 뒤 상해에 오신 아버지
내 어릴 때 "워 아이 니"는
사랑한다는 뜻이라고 어머니에게
가르치고 자주 그 말을 하셨는데

어머니는 중국 말엔 통 관심이 없는지
오히려 듣기 싫어하셨어요

아버지는 60여 년 만에 상해의 야경을
오래 감상하셨고, 지나치는 군중 속을
누군가를 찾는 듯이 유심히 살피셨어요

저녁에는 반주를 많이 드셨고 깡마른
식당 종업원에게 많은 팁을 주셨지요
"너무 많이 주십니다" 했더니
"가슴이 째앤해서……" 하시며 눈물 글썽했지요

3
아지랑이 가물대던 봄날
아버지 부음을 받고 장례식장으로 가서
아버지와 같은 삼베옷 입고
먼 길 배웅해 드렸어요

상해로 돌아가는 비행기 안에서
어머니 돌아가신 뒤에 그랬듯이
아버지의 하늘나라는 더 높은 데 있는지
만날 수 없었고 머리 기댄 유리창에
물방울들 보였어요

그렇게 두 분 다 떠나가셨고
지금은 저 하늘 어딘가에서 두 분이 같이
계실지 아니면 어머니 혼자
또 밥상 차려 놓고 기다리실지도 모르겠네요

허공에서 허공을 헤매는
그 마음을 찾기는 어렵지 않을 것 같아요
하나뿐인 허공인걸요

새 유전인자 가진 나는 12년 만에 귀국했어요

연어의 말

돌 틈새에다
너희들을 낳아 두고 간다
알을 깨고 태어나거들랑
나를 찾지 말거라
어미의 흔적
이 세상 어디에도 없을 것이다
나의 생명은
너희들의 탄생 전까지다

나는 태어나서
큰 바다에서 살았다
모천으로 되돌아오는 길
멀고도 험했다
강둑이 콘크리트로
가로막혀 있어서
좁은 물줄기 틈새로
겨우 거슬러 왔고
동면 준비하는 곰의 발톱

무서웠다

마침내 당도한 이 강
너희들이 힘들지 않도록
얕은 물가를
산란지로 택할 수밖에 없었다

나 태어났을 때도
그랬다
어미가 자식을 못 만나고
자식이 어미를 못 만나는 운명이더라
이 천벌 같은 이별을
고향에서 하게 되구나
내 몸은 벌써 단풍물 드는구나
너희들의 봄을
나는 볼 수가 없구나
너희들은 충분히
지느러미 힘 돌 때까지

숨어 살아라 돌 틈새에서
수초 틈새에서 온전히 몸 보전하여라
그러면
반드시 큰물을 보게 되고
삶을 잔뜩 품을 날이 오리라

와서 알을 낳으면
큰 고기가 먹고도 남을 만큼
많이 낳아라
고향은 그렇게 주어지더라

세계-내-존재로서의 배려와 염려

— 조승래, 『타지 않는 점』의 시세계

박 호 영

(시인 · 문학평론가 · 한성대 교수)

1. 주위를 향한 따뜻한 시선

조승래 시인이 두 번째 시집 『내 생의 워낭 소리』(시학사, 2011)에 이어 2년도 채 안 되어 세 번째 시집 『타지 않는 점』을 출간한다. 그 스스로 '시인의 말' 에서 밝혔듯이 주체할 수 없는 그리움과 뜨거운 가슴이 누에가 실을 뽑듯 시를 계속 쓰게 한 것 같다. 얼마 되지 않아서 내는 시집이라 그런지 몰라도 이번 시집의 시세계는 먼저 낸 시집이 펼친 시세계의 궤적을 크게 이탈하지 않는다. "인생이란 어떻게 사는 것이 바람직하고 가치 있는 것인가에 대한 탐구"(김재홍, 「창조의 길,

상생의 철학」 p.131, 조승래『내 생의 워낭 소리』 해설)가 이어지고 있다는 인상을 받는다.

이번 그의 시집에서 우선 거론할 수 있는 것은 주위를 향한 따뜻한 시선이다. 이러한 태도는 그가 지닌 인간미에서 연유하는 것이겠지만, 좀 더 근본적으로 따지자면 존재자로서의 실존 의식의 결과라고 할 수 있을 것이다. 다시 말해 주위의 현상에 관심을 갖는다는 것은 그렇게 함으로써 비로소 함께 존재하게 되는 것인데, 그는 이러한 실존을 바라고 있는 것이다. 예를 들어 그는 「남대문 국숫집에서」란 시에서 남대문 국숫집 주인인 할머니에게 관심을 기울이는데, 그 할머니가 땅에서 나온 풀 하나에도 정성을 쏟지만 정작 돈에는 무관심하기 때문이다. 대부분의 사람들이 빠져 있는 물질주의로부터 할머니가 초월해 있어 함께 존재하고자 하는 것이다. 어느 면에서 보면 물질주의에 대한 비판이기도 하다. 이런 식으로 그는 "구급차에 실려 가면서도/ 60년 전 노래를 부르는/ 팔십 노구"(「중환자실」)에도 관심을 기울이고, 길이 비탈져 바른 걸음 걷지 못하고 구두 뒷굽이 모로 닳은 "비탈에 살던 사람들"(「재개발」)이나 "달도 없는 하늘에/ 구름 잘도 만드시는/ 대합실 구석의 저 노인네"(「낮달」)에게도 관심을 쏟는다. 사실 이런 사람들이 이 세상에 얼마나 많은가. 가난하고 소외된 존재들. 그러나 우리는 그들에게 무관심하다. 하이데거 식으로 말한다면 '세계—내—존재'로서의 염려를 하지 않는다. 시인은 그들에 대해 염려를 함으로써 양심의 소리에 귀를 기울이려고 하는 것이다. 시인의 따뜻한 시선은 주로 소외되거나 하층적인 존재들에게로 향하는데 그 대상은 인간이 아닌 사물에도 해당한다.

여러 난초 화분들 중에
밑둥치만 남은 것이
자꾸 보채는 것 같아
그에게도 눈길을 주었다

잔자갈 아래 분명
가녀린 실뿌리 하나쯤 있으리라
믿고 물을 주었는데
아직 아무런 기척이 없다

물을 머금는 걸 보니
삶을 다듬고 있나 보다
더 기다려 보자
남은 봄이 또 있으니

—「짝사랑」 전문

밑둥치만 남은 화분은 여러 화분 중 보잘것없는 존재, 어쩌면 죽기 십상이라 하여 방치하였던 것이다. 그동안 그 화분의 삶은 어떠했을까. 난초는 없고 밑둥치만 남았으니 다른 화분들과의 차별 속에서 살아왔을 것이다. 사람들로부터 사랑받지 못하고 소외된 채 외로운 삶을 보냈을 것이다. 그러나 시인은 그 화분의 표정을 파악한다. 자신을 왜 돌보지 않느냐고 보채는 것을 보는 것이다. 이런 파악이 어떻게 가능한 것일까? 주위의 모든 것에 대해 따뜻한 시선을 보냈기에 가능한 일이다. 그의 의식 저변에 깔린 평등사상의 결과다. 밑둥치만 남았다고 차별했다면 그 화분의 보챔을 보지 못했다. 밑둥치만 남은 화분에게 눈길을 준 결과는 어떠한가? 난초도 분명 생명체인 이상 삶의 욕망이 있어 쉽게 죽을 것이 아니라는 인식이 그에게 생겼다. 분명 가녀린 실뿌리 하나만일망정 생명의 씨가 남아 잔자갈 깔린 아래에서 숨 쉴 것 같다. 그래서 그 화분에게 물을 준다. 생명체로 인정을 하여 살아남기 위한 여건을 제공하는 것이다. 그런데 아직 기척이 없다. 그렇다면 이 화분을 포기해야 하는가? 중요한 것은 다음에 취한 시인의 태도다. 물을 머금는 것을 보니 삶을 다듬고 있는 것 같아 그는 그 화분이 살아나길 기다린다. 더구나 만물소생의 계절인 봄이 아직 끝나지 않고 남아 있어 그 기다림이 무모하지 않다. 희망이 있는 기다림이다.

물론 이 시는 시인이 실제로 난초를 키우면서 경험했던 일을 시화한 것일 수 있다. 그러나 화분의 비유를 빌려 그 나름의 메시지를 전달하고자 한 것으로 볼 수도 있다. 그렇다면 시인의 진의는 무엇인가? 소외되고 낙오된 자들에 대한 구제가 아닐까? 세상에 '밑둥치만 남은 화분' 같은 존재가 얼마나 많겠는가. 우리가 조금만 손길을 뻗는다면 그들은 외롭게 소외되지 않고 삶의 대열에 끼어들 수 있다. 그런 자들은 어떻게 해서라도 구원의 손길을 뻗쳐 같이 살아야 하는 것이다. 그것이 시인이 이 세상을 살아가는 태도다. 다음 시에서는 이 태도가 더욱 뚜렷이 나타난다.

코끝에
냄새가 닿는 순간부터

사막 건너온 이
두레박 보듯

사람 찾는
만성 중독증 되살아난다

식탁에 둘러앉아
하루를 나누어 먹는 소리

온 세상
이런 소리만 났으면 좋겠다

—「밥 먹는 소리」 전문

여기서 '냄새'는 이 시의 제목으로 추정컨대 밥 냄새일 것이다. 시인은 밥 냄새를 맡으면 사람을 찾는 증세가 나타난다고 한다. 그것도 어떻게 고칠 수 없는 만성 중독증이다. 시인에게는 밥이 사람과 연결되는 것이다. 가난한 시절을 겪어 본 사람들은 알 수 있는 일이지만 밥 냄새처럼 절실한 것은 없다. 끼니조차 잇지 못하던 시절에 밥은 얼마나 최고의 양식이었던가. 밥 냄새는 얼마나 그리운 것이었던가. 밥을 지어 그 냄새가 코끝에 닿는 순간 너 나 할 것 없이 밥을 머릿속에 그리며 먹을 때를 기다린다. 마치 "사막 건너온 이/ 두레박 보듯" 그 기다림은 절실하다. 두레박이 갈증을 풀어 줄 물로 연상되듯이, 밥 냄새는 배고픔을 해결해 주는 밥으로 연상된다. 이제 식탁에 밥이 차려지게 되면 둘러앉아 각자에게 주어진 밥을 먹게 될 것이다. 하루를 나누면서 저마다 밥 먹는 소리를 내는 이 순간만큼은 아무런 욕심이 없고 누구도 평등하다. 그래서 시인은 온 세상이 이런 소리만 났으면 좋겠다고 소망한다. 조 시인의 시에서 발견되는 시인의 감정은 험난한 세상을 끌어안으며 불공평하고 절망적인 것들이 공평하고 희망적인 것으로 변하기를 간절히 바라는 것인데, 이러한 태도는 신앙을 바탕으로 하고 있기도 하다. 인간이 유한한 존재이기에 신에 의탁하여 이 세계의 모순을 시정하고자 하는 것이다. 그의 「하지 무렵」이란 시를 우선 보자.

한 오십 년 된 여름에
그만큼 오래된 꽃이 피었다

가장 긴 낮에
가장 긴 밤을 사랑하며
제 가진 것 다 보여 주느라
소명을 다하고 있음을
겨우 알게 된 나는
생의 가장 오래된 소망으로 제발
두 손 모으노니

벽 너머 세상도 공평하기를
이 밝고 긴 날에

사랑도 길어
그 그림자 끝도 없기를

—「하지 무렵」 전문

'한 오십 년 된 여름' 이란 대체 무엇을 지칭하는가? 다음에 이어지는 내용으로 볼 때 시인 자신을 일컫는 것 같다. '그만큼 오래된 꽃' 이란 오십 연줄을 넘어설 때까지 그 나름으로 이룩한 성과이리라. 그러면 왜 하필 사계절 중에서도 자신을 '여름' 에 비유한 것일까? 어느 계절보다도 낮이 길기 때문이다. 낮은 밝음으로써 밤을 수용할 수 있다. 세상 곳곳에서 발견할 수 있는 '밤' 과 같은 상황을 사랑할 수 있다. 돌이켜 보면 그는 제 나름대로 제 가진 것 다 보여 주며 소명을 다하고 있다. '겨우 알게 된 나' 라고 표현한 것은 그 같은 자신의 처지를 뒤늦게 깨달았기 때문이다. 이제 그는 두 손 모으며 소망을 기도한다. 그것은 오십 년 동안 마음속에 간직해 온 "생에 가장 오래된 소망" 일지 모른다. 그러면 소망의 내용은 무엇인가? 바깥세상이 공평하기를, 그리고 사랑이 끝없이 영원하기를 기도하는 것이다. 이 역시 세상을 바라보는 따뜻한 시선으로부터 연유된다. "믿음으로 가는 길은/ 굴곡도 보이지 않나 보다" (「길을 묻다」) "성당 종소리는/ 어느 요한에게도/ 은은하게 골고루 울려 퍼지네요// 아, 여기에/ 맑은 햇살처럼 닮아 가는/ 얼굴들이 또 왔어요" (「요한」) 같은 구절들에서도 그의 이러한 태도는 감지된다.

2. 사물을 통한 세계와의 교섭

이번 시집에서 자주 눈에 띄는 것 중 하나는 그가 사물에 대한 시적 인식을 빈번히 하고 있다는 것이다. 그는 무지개를 보거나, 단추나 먹구름을 볼 때 예사롭게 넘기지 않는다. 주의 깊게 살펴 사물의 특징이나 현상에서 삶을 유추해 낸다. 사실 우리와 더불어 존재하는 사물들은 우리와 별개의 것이 아니다. 우리의 모습을 그대로 반영하고 있는 것이 사물이다. 함께 살기 때문이다. 그러므로 무릇 시인이라면 이를 주시해야 하는데, 조 시인은 이러한 시인으로서의 기본적인 태도를 갖춘 것 같다. 「무지개」란 시를 보자.

물이라고 해서 어찌 전부
낮은 데로 가리

나는 하늘에도 있고
땅에도 있어요

내 몸 천 갈래 만 갈래
부서져 물거품 된 날에
보셔요, 찬란히
하늘 오르내리는 모습을

절망에서 희망으로 가는
길은 멀지 않아
절망에서 벗어나면

바로 희망이거든요

불굴의 의지 일깨워 준
빛에게 늘 감사할 일이지요

—「무지개」 전문

이 시에서 시인은 무지개를 시적 화자 '나'로 설정하여 무지개가 되는 자연현상에 의미를 부여하고 있다. 잘 알다시피 무지개는 태양의 빛이 물방울에 반사되어 생긴다. 시인은 무지개를 물이 하늘로 오른 것으로 인식한다. 실제로 물방울의 입자들이 공중에 떠 있는 것이니 물이 하늘로 올라간 것이나 다름없다. 그러므로 물은 땅에만 있는 것이 아니라 하늘에도 있는 것이다. 물방울은 어떻게 생기는가? 물이 천 갈래 만 갈래 부서져 물거품이 됨으로써 생긴다. 어찌 보면 물방울은 물이 파멸된 절망적 상황이라고 볼 수 있다. 그러나 그 물방울에서 무지개가 탄생된다. 그것은 절망을 벗어나 희망이 된 것이나 마찬가지다. 시인은 물이 무지개가 된 것은 빛의 개입 때문이었기에 불굴의 의지를 일깨워 준 빛에게 감사할 일이라 언급하고 있다. 그에게는 물이 무지개가 되는 과정이 시사하는 바가 크다. 무지개가 땅에서 하늘로의 상승, 절망에서 희망으로의 전이를 상징하기 때문이다. 삶의 절망에 빠진 사람들은 이 무지개를 보면서 희망을 얻을 수 있고, 땅과 같은 비천한 존재들 역시 하늘로의 비상을 꿈꿀 수 있다. 우리가 이 시로부터 깨달아야 할 메시지는 바로 그런 것일 것이다. 시인이 단추란 사물을 바라보는 시선도 섬세하며 독특하다.

일이 꼬일 때마다
내 이름 들먹이지 마라

바늘의 몸을 관통하여
실로 단단히 묶어 놓아도
풀리면 끝장이라는 거
뻔히 안다

남을 위하는 것이
나를 살리는 길이라 생각하고
그저 묵언하며 세상을
뜬눈으로 바라보고 있을 뿐이다

—「단추」 전문

우리는 일이 잘 안 되어 나갈 때 흔히 "첫 단추를 잘못 끼웠다"고 한다. 단추에 잘못이 전가되는 것이다. 그러나 단추로서는 그렇게 억울한 일이 없다. 바늘로 몸을 관통당하여 강제로 실에 묶여 있을 뿐이다. 타의적인 매달림이다. 만약 매달려 있기를 거부하여 몸을 비틀어 실이 풀어지기라도 하면 어떻게 되는가? 단추는 떨어져 나가고 만사휴의다. 그 순간 옷은 옷으로서의 구실을 하지 못한다. 벌어진 데를 채울 수도 없고, 옷맵시도 나지 않는다. 단정함이란 찾아볼 수 없다. 단추는 그만큼 중요한 기능을 지녔다. 그러나 단추가 불만을 가져 매달린 곳으로부터 떨어져 나간다면 단추로서도 불행한 일이다. 단추로서의 보람을 잃기 때문이다. 그러므로 남을 위하는 것, 다시 말해 단단히 실에 묶인 채 매달려 있는 것이 단추 자신을 살리는 길이기도 하다. 그래서 아무 말 없이 세상을 뜬눈으로 바라보고 있을 뿐이다. 단추에 대한 이 같은 시인의 사유는 '단추' 같은 존재에 대한 새로운 인식을 제공한다. 우리 사회에는 자신을 희생하며 강제적으로 묶여 있는 존재가 많은데, 그들을 다시 보게끔 하는 것이다. 먹구름을 향한 시선도 남들과는 다르다.

까맣게 무거운 짐
울음으로 내려놓고
새털 같은 몸으로
어르다가 놓아준 낮달은
저 혼자 잘도 굴러가네

놓을수록 가벼워지고
버릴수록 투명해지는
그 얘기 하고파서
한자리에
잠시도 머물지 못하는데

그만했으면 이제
산 넘어 어디쯤 쉬어도 될 것을
묻은 때 한사코 떨쳐 내려고
또 한바탕 울어야 할
천 년의 역마살

—「먹구름」 전문

이 시에서 먹구름은 '까맣게 무거운 짐' 으로 우리에게 교훈을 주는 대상이다. 그러면 먹구름이 우리에게 주는 교훈은 무엇인가? 놓을수록 가벼워지고, 버릴수록 투명해진다는 것이다. 그도 그럴 것이 먹구름은 한바탕 소나기로 울어 버리면 시커먼 모습이 엷어지고, 크기도 울기 전보다 작아진다. 시인은 먹구름이 그렇게 모습이 변하는 것이 인간들도 이 모습을 보고 먹구름과 같은 무거운 짐을 내려놓으라는 교훈을 주기 위함이라고 인식한다. 먹구름은 그 얘기를 하고 싶어서 한자리에 머물지 않고 계속 떠다니는 것이다. 한 번 울어서 그 교훈을 상기시켰으면 그만일 텐데, 이제는 산 넘어 어디쯤 쉬어도 될 텐데, 아직도 울어서 떨쳐내야 할 '묻은 때' 가 남아 있기에 역마살 낀 자처럼 쉬지도 않고 다닌다. 이것이 먹구름을 보는 시인의 시안이다. 먹구름으로부터 이런 식의 착상을 한 시인이 얼마나 있을까? 아마도 그렇게 많지 않을 것이다. 사물을 유심히 보며 그것을 세상의 삶에 견주는 조 시인이기에 가능한 일이다.

그는「거미」란 시에서도 거미의 입장이 되어 "감당할 수 있는 것만/ 잡고자 했을 뿐인데" 과녁을 뚫어 버리듯이 거미집을 망쳐 놓으면 어쩌라는 것이냐고 얘기하고 있고, 땅에 떨어진 나뭇잎들을 보고는 나무에 있을 때는 위치에 따라 제각기 다르게 '화사한 햇살' 을 받았지만 땅에 떨어져서는 모든 것을 내려놓았고, 땅보다 더 낮은 곳이 없기에 평등해졌다고 한다. 이것은 인간사회에도 똑같이 적용될 수 있는 얘기다. 살아서는 사회구조의 모순 때문에 빈부귀천의 차이가 있을지 몰라도, 죽어서는 부자나 가난한 자, 귀한 자와 천한 자 모두 매한가지다. 평등하다. 시인은 떨어지는 나뭇잎의 비유로 이 메시지를 독자들에게 전달한다. 이상에서 보아 왔듯이 시인과 사물과의 관계는 주체가 객체를 지배하는 일방적이고 단절적인 관계가 아니다. 사물을 이 세상을 함께 사는 파트너로 인식하고, 그들에게서 나의 모습을 보고 세상의 이치를 보며 깨우침을 얻는다.

3. 적막함과 허무함의 정서

조승래 시인의 이번 시집에서 또 하나의 주류를 형성하는 것은 적막함과 허무함의 분위기가 주조로 된 시들이다. 이 유형의 작품들은 시인의 유현한 사고를 들여다볼 수 있다는 점에서 긍정적으로 받아들여진다. 적막이란 무엇인가? 사방이 고요한 것이다. 부재의 공간이다. 그러나 이 순간 인간은 자신의 존재가 무엇인지를 스스로에게 묻고 깨닫는다. 사물들도 이 적막함 속에서 귀 기울이는 자들에게 말을 건넨다. 고요가 열림Offenheit을 가능케 한다는 것은 이 차원에서 얘기될 수 있다. 그러므로 적막의 공간에 주목하고 그 의미를 캐는 작업은 소중하다.

흙담 두른
초가집 댓돌

삭은 고무신 한 켤레

먼지 앉은 거미집에
걸려 있는 잠자리 날개

한 기침 멈추자
모두 바스라진다

—「빈집」 전문

이 시에서 우선 '삭은 고무신 한 켤레' 에 대해 생각해 보자. 고무신의 주인은 없다. 아마도 가난하고 고독하게 살다가 죽었을 것이다. 고무신은 주인을 잃고 삭을 정도로 오랜 기간 동안 초가집을 지켰다. 주인은 죽었어도 주인의 흔적은 남아 있는 것이다. 거미집에 걸린 잠자리 날개도 마찬가지다. 잠자리는 거미에게 먹혀서 없어졌고 거미 역시 먼지 앉은 거미집으로 미루어 보아 죽거나 사라졌지만, 잠자리의 날개가 거미와 잠자리가 있었음을 말해 준다. 이미 그 자리에는 먹는 자와 먹히는 자가 없다. 시인이 이런 상황을 설정한 것은 죽음이란 과연 무엇인가를 생각게 하기 위함이다. 그러면 시인에게 죽음은 어떤 의미를 지닌 것인가? 죽음의 흔적조차 한 기침에 모두가 바스러지듯이 죽음은 허무한 것이다. 시인의 시선이 이 시에서 죽음으로 향해 있음은 '빈집' 의 주인만의 죽음을 문제 삼는 것은 아니다. 바로 자기 자신에 대한 물음을 하고 있는 것이다. 자기가 유한한 존재라는 것을 깨닫고 죽음에게로 앞서 달려가 봄으로써 자기를 파악하고자 하는 것이다. 이러한 시인의 사유는 적막함이 제공한 것이다. 다음 시도 같은 차원에 놓이는 작품이다.

처마 밑
텅 빈 제비집 한 채

웅크리고 잔
흔적도 이젠 삭아

맹모의 이사로
자식들 무사히 잘 키웠을까

사람의 체온조차 식은
폐가의 뜰을
지나가던 햇빛이
기웃거린다,

—「폐가의 뜰」 전문

이 시의 공간적 배경은 폐가다. 폐가가 되기 전 이 집에는 사람도 살고, 제비도 집을 지어 새끼를 키웠다. 그러나 이제는 사람도 살지 않고 제비도 떠났다. 오직 텅 빈 제비집만이 사람과 제비가 있었음을 말해 줄 뿐이다. 아마 여기서 태어난 새끼 제비들은 다른 곳에서 잘 자랐을 것이다. 끔찍이 새끼들을 사랑한 어미 제비가 맹모삼천지교처럼 새끼들을 위해 이사를 했기 때문이다. 이 폐가가 부재의 공간이 된 지는 오래되었다. 제비들이 산 제비집의 흔적도 삭고, 집에서 느껴졌던 사람의 체온조차 식었다는 데서 우리는 시간의 경과가 꽤 됐음을 짐작한다. 지금은 오직 지나가던 햇빛만이 기웃거릴 뿐이다. 햇빛의 기웃거림은 관심이 아니라 일시적인 호기심일 뿐이다. 이런 일련의 서술에서 시인이 말하고자 하는 것은 모든 것들은 떠나게 마련이고, 남아 있는 것 역시 삭고 식음으로써 철저한 무의 상태로 변한다는 것이다. 이 역시 적막함이 깨닫게 해 주었다. 적막함은 다음처럼 허무함으로 이어지기도 한다.

그렇게 이름 불러 달라고
바위는 틈새에다 꽃을 간직하나

꽃잎 위에서
나비들 먼저 떨어지고

피리 소리 흘러간 강길 따라
바람 한 줄기 가고 또 온다

어제도 아득한데
천 년 세월을 어찌 알랴

궁궐도 절도 없어진 빈터에서
소풍 온 아이들이 산수화를 그린다

웃으면서 그리는 강물
더 푸르게 흐른다

—「낙화암」 전문

백제 때 낙화암에는 궁궐도 있었고 절도 있었다. 그러나 백제는 망하고 수많은 궁녀들은 꽃잎 핀 바위에서 나비처럼 떨어졌다. 이제는 궁궐도 절도 없다. 바람 한 줄기 가고 또 오듯 화려한 과거는 지나가고, 이제는 소풍 온 아이들이 그 빈 터에서 웃으면서 산수화를 그린다. 그들에게는 과거의 비애를 찾아볼 수 없다. 그들만이 아니라 우리 모두에게 낙화암이 겪은 역사의 아픔이란 없다. 어제도 잊고 사는 세상인데 천 년 세월을 어찌 가슴에 품겠는가. 강물 역시 언제 그랬느냐는 듯 푸르게 흐를 뿐이다. 이렇게 세상만사가 허무하고 무상한 것이다. 시인은 낙화암의 비극적 과거와 산수화를 그리는 아이들의 대조를 통해 이 허무함을 부각시키고 있다.

4. 세상사에 대한 배려와 염려

이번 시집에 실린 조승래 시인의 시들을 전체적으로 살펴볼 때 세상사에 대한 배려와 염려가 밑바탕이 되어 있다고 판단된다. 사람들을 주시할 때나 사물들을 응시할 때 그는 이런 태도를 기본으로 한다. 앞서 언급한 바 있지만 이 태도는 세계—내—존재로서의 배려요 염려이기에 바람직한 것이라 할 수 있다. 그의 시에서 휴머니즘적인 따뜻함을 느끼는 것은 이런 태도 때문이다. 여기 시 전체를 인용하여 언급하지는 않았지만 "행여 가슴 아파 기도하는 사람이 있으면/ 맑은 빛처럼 다가가/ 손을 맞잡고 하늘 한번 더 보라 하리"(「불멸의 꿈」)

"열심히 살았으므로 주어진 행복 앞에/ 밥술에 찬 서로 올려 주며/ 천천히 많이 드시라 권하는/ 노부부의 눈빛에/ 사랑은 맑게 고이고/ 시간은 조금씩 곰삭아 간다"(「밥상」)처럼 시인의 인간적인 따뜻함을 보여 주는 시들은 여러 편이다. 세상이 점점 살기 어려워지고 사람들의 심성이 날이 갈수록 각박해지니 시인의 이러한 시선이 멈추지는 않으리라 생각한다. 욕심을 내자면 따뜻한 시선의 시들이 지금보다 좀 더 내밀하게 전개되길 바랄 뿐이다.

기왕에 시의 내밀함을 얘기했기에 이번 시집에서 특히 주목한 시 한 편을 마지막으로 언급하고자 한다. 그것은 만물상응을 노래한 시다. 이 시는 조 시인의 무한한 가능성을 예측케 한다는 점에서 고무적으로 받아들여진다. 전체 8행의 짧은 시다.

매미가 나무를 흔들면
감은 절로 더 붉어지고
이불 호청 길들이는
다듬이 소리에
마루청 그늘은
깊은 졸음으로
스르르 고만
눈시울이 풀리다

—「그늘의 졸음」 전문

사실 일반적으로 생각할 때 매미와 감은 아무런 연관성이 없는 것이다. 다듬이 소리와 마루청 그늘도 관계를 따지기에는 거리가 멀다. 그런데 시인은 매미가 나무를 흔드니 감이 절로 더 붉어졌다고 하고, 다듬이 소리에 마루청 그늘이 깊은 졸음에 빠졌다고 한다. 시적 사유의 세계에서는 얼마든지 가능한 만물 상응이다. 여기서 매미와 감, 다듬이 소리와 그늘은 서로 교융한 것이다. 사실 우리가 몰라서 그렇지 자연의 사물들은 이렇게 비밀스럽게 내통하면서 서로 다가가는 것인지 모른다. 누군가 말했듯이 자연은 변화로 몸을 삼고 있는 관계의 그물이다. 자연은 자연의 현상들과 분리될 수 없고, 자연의 현상들은 관계에 의존되어 있기 때문에 개별적으로 독립하여 존재할 수 없다. 그러므로 매미가 감이 될 수 있고, 감이 매미가 될 수 있다. 다듬이 소리가 그늘의 졸음을 가져올 수 있다. 이 짧은 시는 시인의 이러한 깊은 인식을 보여 준다. 앞으로 이런 유형의 시가 더 많이 산출되기를 기대한다.

시인 조승래 趙勝來

1959년 함안에서 출생
『시와시학』으로 등단
시　집『몽고 조랑말』(동학사)
　　　『내 생의 워낭 소리』(시학)
수필집『풍경』(미지애드컴)
가락문학회, 함안문인협회, 시와시학 동인
경영학 박사(중국 상해교통대학)
(주) 한국타이어 상무이사 퇴임
현재 (주) 아노텐WTE 대표

E-mail: choscr518@hotmail.com

타지 않는 점

지은이 | 조승래
펴낸이 | 김재돈
펴낸곳 | 도서출판 시와시학
1판1쇄 | 2012년 9월 10일
1판2쇄 | 2012년 10월 1일
출판등록 | 2010년 8월 10일
등록번호 | 제2010-000036호
주소 | 서울 종로구 명륜동1가 42
전화 | 744-0110
FAX | 3672-2674
값 8,000원

ISBN 978-89-94889-40-5 03810